AF302570

DER ERFÜLLENDE JOB

Ratschläge für ein erfülltes Berufsleben

Verfasst von Virginie De Lutis
Übersetzt von Mareike Lobeck

DER ERFÜLLENDE JOB

- **Ziel:** ein einladendes Arbeitsumfeld schaffen, das zur persönlichen Erfüllung beiträgt, und für sich einen passenden, interessanten Platz bei der Arbeit finden
- **Anwendung:** Die meisten Menschen verbringen den Großteil ihrer Zeit bei der Arbeit. Aus diesem Grund ist es äußerst wichtig, dass sie sich dort wohlfühlen und sich verwirklichen können.
- **Arbeitskontext:** Arbeitspsychologie, Work-Life-Balance
- **FAQ:**
  - Welche Elemente sind für die berufliche Erfüllung essenziell?
  - Kann jeder Mensch Erfüllung finden?
  - Wie leite ich positive Veränderungen ein?
  - Wie sollte ich mit meinem Vorgesetzten kommunizieren?
  - Wie kann ich mich in einem toxischen Arbeitsumfeld entfalten?
  - Wie nimmt mich mein Umfeld wahr, wenn ich schon wieder kündige?

- Ich befürchte, dass man mich ein bisschen verrückt findet. Was soll ich tun?
- Kann man den Beruf wechseln, auch wenn man bereits mitten im Berufsleben steht?

EINLEITUNG

Je nach Beruf, Branche und Konjunktur schätzen sich Arbeitnehmer glücklich, überhaupt eine Stelle zu haben. Dieses Glück ist jedoch nur allzu relativ, wenn die besagte Stelle keine Erfüllung bietet. Zwar bestimmt die Arbeit meist den Alltag und sorgt für die notwendige finanzielle Sicherheit, aber in der Regel deckt sie nicht alle persönlichen Bedürfnisse ab. Es kann sogar sein, dass sie zu einem Unwohlsein führt, das schwer auszugleichen oder wieder loszuwerden ist.

Freizeit ist jedoch in der heutigen Gesellschaft als Recht anerkannt und manche Arbeitgeber bieten sogar Möglichkeiten an, einen besseren Ausgleich zwischen Privat- und Berufsleben zu schaffen, beispielsweise durch das Arbeiten von zu Hause oder flexible Arbeitszeiten.

Dennoch wird das Konzept der beruflichen Erfüllung noch nicht überall gelebt. Welche

Aspekte beeinflussen das empfindliche Gleichgewicht, das den Arbeitnehmer morgens mit einem Gefühl von Zufriedenheit an den bevorstehenden Arbeitstag denken lässt? Wie kann man sich neue Gewohnheiten zu eigen machen, die die eigenen Bedürfnisse besser widerspiegeln, ohne dadurch das ganze Team auf den Kopf zu stellen? Sind glückliche Mitarbeiter mehr wert als demotivierte? Wie findet man seinen Platz und gibt seiner Arbeit einen Sinn? Wie kann man abends mit dem Gefühl nachhause gehen, etwas erreicht zu haben, anstatt sich niedergeschlagen zu fühlen? Im Folgenden erfahren Sie, welche zehn Aspekte für persönliche Erfüllung bei der Arbeit essenziell sind.

DER ERFÜLLENDE JOB: DIE GRUNDLAGEN

Im Idealfall arbeiten Sie zusammen mit einem dynamischen und respektvollen Team an einem Projekt, das Ihnen am Herzen liegt. Sie gehen zufrieden nachhause, was Ihnen ermöglicht, Ihre Freizeit voll zu genießen, sobald Sie das Büro verlassen haben. Doch leider ist dieser Idealfall immer noch für viele Menschen zu schön, um wahr zu sein.

Stress aufgrund von Arbeitsunsicherheit, unzureichende Hinterfragung der eigenen Situation oder manchmal auch mangelnde Vorstellungskraft lassen viele Menschen aus den Augen verlieren, dass die Arbeitszeit für jeden Menschen eine Zeit sein sollte, die von Bedeutung ist. Manche Menschen geben natürlich vor, sich mit einem guten Gehalt am Ende des Monats zufriedenzugeben. Dennoch kann festgestellt werden, dass auch bei gutverdienenden Menschen der Wunsch nach beruflicher Erfüllung größer und wichtiger ist als die Höhe des Gehalts. Denn Geld ist nicht alles.

Allerdings kann es schwierig sein, herauszufinden, was einen bei der Arbeit glücklich macht, insbesondere, wenn man dabei verschiedene Parameter miteinbeziehen muss. Manchmal fühlt man sich unwohl, ohne genau sagen zu können, wo das Problem liegt. Vermutlich geht dieses Gefühl aus verschiedenen, sich widersprechenden Aspekten hervor, deren allgemeine Form schwer auszumachen ist.

„JA, ABER": DER SATZ, DER ALLES BREMST

Auf die Frage, ob Sie Ihre Arbeit mögen, antworten Sie womöglich: „Ja, aber...". Eric Berne, der Begründer der Transaktionsanalyse, entwickelte ein zwischenmenschliches Spiel, das auf diesem Satz basiert. In diesem Spiel kann die Person, die den Satz verwendet, ihre eigentlichen Gefühle hinter zahlreichen unterschiedlichen Aussagen verstecken. Der Satz „Ja, aber..." hält die Person in ihrer Opferrolle fest, da sie alle Lösungsvorschläge ihres Gesprächspartners ablehnt, und macht die Suche nach Erfüllung unmöglich.

DEMOTIVATIONSINDIKATOREN

Sind Sie in der glücklichen Lage, eine Arbeitsstelle zu haben? Erscheint Ihnen das Projekt, an dem Sie arbeiten, sinnvoll bzw. bedeutend? Dies sind bereits gute Grundvoraussetzungen. Dennoch erkennen Sie vielleicht einige der folgenden Symptome an sich:

Demotivation

Demotivationsindikatoren
• Sie fühlen sich bereits beim Aufwachen gestresst.
• Sie sind das Verhalten einiger Ihrer Kollegen überdrüssig.
• Sie fühlen sich lustlos bei dem Gedanken, Ihre Aufgaben erledigen zu müssen.
• Sie sehen häufig auf die Uhr, in den Urlaubskalender, die sozialen Medien etc.
• Sie haben das Gefühl, Ihre Aufgaben nicht mehr sorgfältig zu erledigen.
• Sie ziehen sich zurück, vermeiden den Austausch mit Kollegen und Vorgesetzten.
• Sie kritisieren das Unternehmen und Ihre Kollegen.
• Sie sind in Besprechungen unkonzentriert.
• Sie haben das Gefühl, klein gehalten bzw. unterschätzt zu werden.
• Sie haben das Gefühl, dass Ihre Fähigkeiten nicht voll zum Einsatz kommen.
• Nach der Arbeit fühlen Sie sich erschöpft oder gereizt.
• Sie können den Gedanken an die Arbeit nicht aus Ihrem Kopf verbannen.
• etc.

Die Liste möglicher Indikatoren für Demotivation kann lang ausfallen. Wenn sich Ihre Kollegen zusätzlich ähnlich wie Sie fühlen, wird sich dies nicht positiv auf die Laune auswirken. Nehmen Sie die Indikatoren deswegen nicht auf die leichte

Schulter, denn in dieser Situation besteht das Risiko, dass sich Ihr Zustand weiter verschlechtert und zu psychischen Problemen führt. Der erste Schritt für eine Veränderung Ihrer Situation besteht darin, herauszufinden, was Ihr Unwohlsein auslöst.

TIPP FÜR DEN ARBEITGEBER

Es ist möglich, anhand nur weniger Tatsachen festzustellen, ob Mitarbeiter demotiviert sind: hohe Betriebsausgaben, Entwendung von Büromaterial (fehlender Respekt gegenüber dem Unternehmensbesitz) oder Zuspätkommen bzw. frühes Feierabendmachen. Diese Indikatoren können auf das Bedürfnis der Mitarbeiter hinweisen, der Arbeit einen Sinn zu geben. Die beste Methode, um mit Mitarbeitern gemeinsam ein Arbeitsumfeld zu schaffen, in dem sie Erfüllung finden, besteht darin, ihnen zuzuhören.

FAKTOREN FÜR DIE BERUFLICHE ERFÜLLUNG

Bei zufriedenen Arbeitnehmern können verschiedene Faktoren festgestellt werden, die zu ihrer beruflichen Erfüllung führen. Zu diesen gehören:

Motivation

Motivationsfaktoren
• Sie können Ihrer Arbeit einen Sinn geben.
• Sie fühlen sich nützlich.
• Sie haben die Möglichkeit, kreativ zu sein.
• Sie dürfen Entscheidungen treffen.
• Sie können sich persönlich weiterentwickeln.
• Sie meistern Herausforderungen.
• Sie sind mit dem Projekt vertraut, an dem Sie mitarbeiten.
• Sie werden von Ihren Kollegen und Vorgesetzten anerkannt.

Diese Liste kann Ihnen dabei helfen, festzustellen, welche Aspekte Sie in Ihrem Beruf motivieren. Anschließend werden Sie sich leichter entscheiden können, was Sie verbessern möchten.

ZIELE SETZEN

Viele Arbeitnehmer würden sich mit einem geringeren Gehalt zufriedengeben, wenn ihre Stelle ihnen dafür größere Erfüllung bieten würde. Sie sollten sich daher bewusst darüber werden, ob Geld für Sie einen Zweck darstellt, sprich ob Sie Geld verdienen, um Ihren Lebensunterhalt zu finanzieren, oder ob Sie reich werden möchten.

Auch andere Zwecke bzw. Ziele sind denkbar. Vielleicht analysieren Sie gerne und werden von Ihrer Freude am Kennenlernen komplexer Gegebenheiten zu immer neuen Höchstleistungen angetrieben. In diesem Fall entspricht vermutlich eine Stelle, auf der Sie regelmäßig mit neuen Themen in Kontakt kommen, Ihren Bedürfnissen, wohingegen monotone Arbeit Ihnen weniger gefällt. Wählen Sie also eine Arbeit, die Ihren Wünschen entspricht. Wenn Sie feststellen, dass die Arbeitszeiten ein Problem darstellen, könnte Ihr Ziel darin bestehen, eine Stelle mit flexiblen Arbeitszeiten zu finden, die Ihr Familienleben respektiert und unterstützt. Dazu ist es wichtig, dass Sie aufschreiben, was

Ihnen momentan Probleme bereitet, damit Sie sich mit den Bedingungen beschäftigen können, die für Ihre berufliche Erfüllung notwendig sind. Diese entsprechen Ihren Zielen.

DIE MEINUNG DER PSYCHOLOGEN

In einem Artikel über die Ergebnisse einer Studie zum psychischen Wohlbefinden bei Lehrern schreibt die Autorin Pascale Desrumaux: „Arbeitgeber haben in der Arbeitswelt die Aufgabe, das Wohlbefinden ihrer Arbeitnehmer zu gewährleisten"[1] (*Le Journal des Psychologues*: 2010).

Unternehmen streben nach Rentabilität. Um diese zu erreichen, achten sie auf qualitative Produktivität. Dies ist nur möglich, wenn sich die Angestellten bei der Arbeit wohlfühlen, weswegen Arbeitgeber logischerweise das Wohlbefinden ihrer Mitarbeiter zu einem ihrer Hauptanliegen machen sollten. Wohlbefinden bzw. Unbehagen sind die wichtigsten Faktoren für den Erfolg bzw. den Misserfolg eines Unternehmens. Daher sind Unternehmen

---

1. Übersetzt für 50Minuten.de

für ihre Mitarbeiter und damit auch für deren physische und psychische Verfassung verantwortlich.

WERTE UND ÜBERZEUGUNGEN

Werte

Unsere Werte spiegeln unsere Prinzipien wider, also das, was wir in der Gesellschaft für gut oder schlecht halten. Sie kommen im Verhalten und der Lebensweise der Menschen zum Ausdruck. Um sich wohl zu fühlen, muss sich ein Mensch daher in einem System bewegen, das seine Werte vertritt:

- die Einhaltung von Abmachungen gegenüber Kunden
- ein qualitativ hochwertiger Kundenservice
- eine gewisse Toleranz gegenüber Fehlern von Mitarbeitern
- das Bedürfnis Fortschritte zu machen, zu lernen
- etc.

Überzeugungen

Während es bei den Werten um die Dinge geht, die Ihnen gut oder schlecht erscheinen, betreffen die Überzeugungen Dinge, die Sie als wahr oder falsch ansehen. Sie werden sowohl durch Ihren Lebensweg (Familie, direktes Umfeld, Erfahrungen) als auch die Gesellschaft geprägt und beeinflussen unterbewusst Ihre Entscheidungen. Auch in Unternehmen besteht ein Überzeugungssystem. Wenn die eigenen

Überzeugungen nicht denen des Unternehmens widersprechen, geschieht die Anpassung an dieses System automatisch.

Wenn Sie bei der Ausführung bestimmter Aufgaben angespannt sind oder sich unwohl fühlen, kann das daran liegen, dass Sie versuchen, zwei zu unterschiedliche Überzeugungssysteme miteinander zu vereinen. Dies ist beispielsweise der Fall, wenn Sie davon überzeugt sind, dass man gemeinsam stark ist, Ihr Unternehmen Sie jedoch dazu drängt, die Kollegen als Konkurrenten anzusehen. Oder Sie sind davon überzeugt, dass das Gehalt vom Einsatz abhängen sollte, weswegen Sie bereit sind, zahlreiche Überstunden zu machen, um mehr zu verdienen, während ihr Chef jedoch allen Mitarbeitern die gleiche Lohnzulage zahlt.

Unvereinbare Überzeugungssysteme können Sie dazu bringen:

- ein Problem erst zu leugnen und dann festzustellen, dass es häufig auftritt
- Ihr Verhalten zu ändern, was sich ebenfalls auf Ihr Privatleben auswirkt
- zynisch zu werden („Das sieht ihm ähnlich!")

oder sich zu rechtfertigen („Ich hatte keine andere Wahl.")

* etc.

Es ist daher essenziell, dass Sie Ihr Verhalten und Ihre Gedanken in Einklang bringen. Wenn Sie entgegen Ihrer Überzeugungen handeln, werden Sie sich frustriert oder unwohl fühlen, wodurch sich entweder ihre mentale Verfassung (Verachtung, fehlende Selbstachtung etc.) oder Ihre Einstellung ändert (disloyales Verhalten gegenüber dem Unternehmen, Nicht-Weitergabe von Informationen etc.).

ZUSATZINFORMATION: EINSCHRÄNKENDE ÜBERZEUGUNGEN

Womöglich stammt ihr Unwohlsein von einer einschränkenden Überzeugung bezüglich dessen, was Sie glauben tun, erhalten oder sein zu dürfen bzw. können. Mit anderen Worten handelt es sich um die kleine Stimme in Ihrem Kopf, die Ihnen sagt, dass Sie nicht gut genug für eine bestimmte Sache sind, dass Sie es nicht verdienen, Erfüllung zu finden und dass Sie niemals so gut wie Ihre Kollegen sein werden. Hören

BEI DER ARBEIT MAN SELBST SEIN

Um sich entfalten zu können, sollte man sich bei der Arbeit nicht verstellen, sondern man selbst sein können. Dennoch heißt das nicht, dass Sie deswegen die Person sein sollten, die Sie als Vater bzw. Mutter, Freund bzw. Freundin oder Kind Ihrer Eltern sind.

Versuchen Sie sich Ihr „berufliches Ich" vorzustellen: Wo liegen Ihre Kompetenzen? Welche Bedürfnisse haben Sie? Möchten Sie sich weiterbilden? Tragen Sie Verantwortung? Versuchen Sie weder unter allen Umständen gefallen zu wollen noch eine Rolle zu spielen. Entwickeln Sie eine gesunde berufliche Persönlichkeit mit nützlichen Kompetenzen. Wenn Sie schüchtern sind, sollten Sie es nicht übertreiben und sich zu etwas zwingen, sondern versuchen, ganz natürlich auf Ihre Kollegen zuzugehen. Sind Sie im Gegensatz dazu eher extrovertiert, sollten Sie sich nicht zurücknehmen.

Sprechen Sie aus, was Ihnen auf dem Herzen liegt und was Sie beispielsweise über ein bestimmtes Projekt denken, und teilen Sie mit, was Sie zur Lösung eines Problems beitragen können. Achten Sie allerdings auch darauf, dass es Momente gibt, in denen Sie besser Abstand nehmen und sich zurückhalten sollten. Vermeiden Sie es beispielsweise, sich im Affekt zu äußern oder Ihr gesamtes Privatleben bloßzulegen.

Manche Menschen klagen, dass sie wegen ihres Aussehens nicht respektiert werden. Um dies zu kompensieren, wählen sie einen Kleidungsstil, den sie „seriös" finden, und bauen sich ein berufliches Profil auf, dass sie von ihrer eigentlichen Persönlichkeit entfernt. Wenn Sie sich in einer ähnlichen Situation befinden, sollten Sie sich mit den psychologischen Aspekten anstatt den äußeren Merkmalen der Persönlichkeit beschäftigen. Stärken Sie Ihr Selbstbewusstsein und gehen Sie das Problem an, bevor Sie Ihr Aussehen so verändern, dass es ein falsches Bild von Ihnen vermittelt.

Bei der Arbeit Sie selbst zu sein ermöglicht Ihnen, sich freier und wohler zu fühlen. Beides ist essenziell für Ihre berufliche Erfüllung.

In manchen Unternehmen werden die Kollegen zu einer zweiten Familie. Die Beziehung zu den Kollegen spielt eine wichtige Rolle für die berufliche Erfüllung, denn eine gute Atmosphäre ist immer angenehmer als eine angespannte Atmosphäre. Dennoch sollten Sie darauf achten, dass Ihre psychische Position Sie glücklich macht. Instrumentalisieren Sie Ihre beruflichen Beziehungen nicht, reproduzieren Sie keine Muster und kompensieren Sie keine Probleme, die Sie in Ihrem Privatleben haben bzw. hatten.

SELBSTVERTRAUEN HABEN

Entfaltung ohne Selbstvertrauen ist unmöglich. Sie benötigen es, um zu handeln, sich neuen Herausforderungen zu stellen und Ihre Beziehungen zu Ihren Mitmenschen zu pflegen. Deshalb sollten Sie:

- **versuchen, mehr auf sich zu achten**: Sich in seinem Körper wohlzufühlen hilft auch auf mentaler Ebene. Wenn Sie gerne Sport machen würden, aber nicht die Zeit dafür finden, sollten Sie sich sagen, dass zehn Minuten jeden Tag besser sind als nichts. Wenn Sie glauben, ein falsches Bild von sich zu vermitteln, können Sie einen Termin bei einem Imageberater machen. Und haben Sie schon einmal daran gedacht, Ihre Ernährung umzustellen? Jeder Mensch muss eine Ernährungsweise finden, die zu ihm passt. Im Internet finden Sie zahlreiche Anregungen zu praktischen Hilfsmitteln und Tipps von Coachs.

- **Ihre Fehler ohne Schuldgefühle akzeptieren**: Aus Ihren Fehlern zu lernen ermöglicht Ihnen weiterzukommen. Sobald Sie sich für sie entschuldigt haben, sollten Sie den Blick nach vorn wenden und die Kritik oder Sticheleien Ihrer Kollegen ignorieren.
- **eine offene, ehrliche Haltung annehmen**: Zwingen Sie sich, Ihre Meinung zu sagen, wenn Sie mit Ereignissen konfrontiert sind, die Ihnen nicht gefallen. Wenn Sie schüchtern sind, sollten Sie dies tun, ohne zu lange abzuwägen. Drücken Sie Ihre Gedanken bescheiden aus.
- **Komplimente akzeptieren**: Sie sind alle etwas wert. Da alle Menschen über Stärken und Schwächen verfügen, sollten Sie sich nicht

vor Wertschätzung verschließen. Wenn Sie ein Kompliment dennoch ungerechtfertigt finden, sollten Sie dies für sich behalten und sich mit einem einfachen Dank begnügen. Später können Sie dann analysieren, was Ihre Kollegen an Ihnen wertschätzen.

- **Ihren Platz im Unternehmen auf positive Weise einfordern**: Seien Sie stolz auf Ihre Arbeit und denken Sie daran, dass Sie mit dieser Einstellung nicht nur sich, sondern auch dem Unternehmen gratulieren. Es hat nichts mit Hochmut zu tun, die Wahrheit zu benennen: Sie und Ihre Arbeit zählen im Unternehmen und Sie arbeiten gerne auf Ihrer Stelle.

TIPP FÜR DEN ARBEITGEBER: DIE REGELN DER INTELLIGENTEN EINFACHHEIT

Yves Morieux, Managing Director und Senior Partner einer großen Unternehmensberatung, zufolge sind die aktuellen Managementmethoden überholt und wirken sich negativ auf die Arbeitnehmer aus, indem sie zu Disengagement, Burnout und schlechten Beziehungen führen. Morieux stellte daher sechs Regeln der intelligenten Einfachheit auf, die zum Ziel haben, die Arbeitsumgebung und Leistung der Arbeitnehmer zu verbessern:

- Verstehen Sie, was die Kollegen tun.
- Ermöglichen Sie den Managern, die Wirkkraft der Angestellten zu verstärken.
- Stärken Sie das Mitspracherecht der Angestellten.
- Ziehen Sie die nahe Zukunft und die Auswirkungen der Service- bzw. Produktqualität des Unternehmens mit ein.
- Fördern Sie die Zusammenarbeit zwischen Kollegen.
- Kritisieren Sie nicht, dass Fehler gemacht wurden, sondern dass nicht um Hilfe gebeten bzw. geholfen wurde.

SICH SEINER STÄRKEN BEWUSST WERDEN

Zu Ihren Stärken in der Arbeitswelt gehören Ihre Kenntnisse, Ihre Fähigkeiten sowie Ihre Eigenschaften, die Ihnen bei der Arbeit nützlich sind. Wenn Sie sich Ihrer Stärken bewusst werden, können Sie Ihrem Arbeitgeber auch mehr

Argumente liefern, die für Sie sprechen:

- Beschäftigen Sie sich mit dem Mehrwert Ihrer Stärken, indem Sie sie mit den Einstellungsvoraussetzungen, die auf dem Arbeitsmarkt angegeben werden, vergleichen. Vielleicht sind einige Ihrer Informatikkenntnisse überholt, aber Ihr Beruf interessiert Sie dennoch? Lassen Sie sich von solchen Wissenslücken nicht den Weg verbauen, sondern nehmen Sie eines der zahlreichen Fortbildungsangebote auf dem Markt an, um sich auf den neusten Stand zu bringen. Vertiefen Sie also Ihre Kenntnisse und entwickeln Sie sich so in Ihrem Beruf weiter.
- Fragen Sie sich, ob Ihre Stärken Sie glücklich machen. Vielleicht liegt Ihnen Buchhaltung, aber eigentlich träumen Sie davon, in einem Garten zu arbeiten? In diesem Fall, sollten Sie sich von Ihrem Know-how lösen und das lernen, was Ihrer Meinung nach gut für Sie ist.

Viele Menschen ignorieren ihre Stärken oder spielen sie herunter. Wenn Sie beispielsweise eher zurückhaltend sind, können Sie jedoch Ihre Behutsamkeit, Ihre Fähigkeit zuzuhören oder Ihre Analysefertigkeiten hervorheben. Häufig führt die Zurückhaltung eines Teammitglieds dazu, dass das Team insgesamt harmonischer zusammenarbeitet. Wenn Sie hingegen die Person sind, die es ermöglicht voranzukommen, könnte Ihr Mehrwert für das Unternehmen darin bestehen, dass dank Ihnen alle Fragen in einer Besprechung detailliert behandelt werden. Womöglich können Sie weiter vorausdenken als Ihre Kollegen, wenn es darum geht, alle Faktoren eines Problems zu erkennen.

DER MYERS-BRIGGS-TYPENINDIKATOR

Mit dem weltweit verbreiteten MBTI-Test können 16 psychologische Profile erkannt werden. Das Profil gibt Aufschluss über Ihre Art Kraft zu schöpfen, nachzudenken, Ereignisse aufzunehmen und sich zu entscheiden. Das Testergebnis ist also sehr interessant, da es ermöglicht, sich selbst besser kennenzulernen und zu erkennen, ob man mit seiner Berufswahl eine gute Entscheidung getroffen hat, oder sich umorientieren sollte.

<u>ACHTUNG!</u>

Denken Sie an das Peter-Prinzip, wenn Ihnen eine Beförderung angeboten wird. Dieses besagt, dass Angestellte in einer Hierarchie soweit aufsteigen, bis sie eine Ebene erreicht haben, auf der sie inkompetent sind. Ihr Talent kann Ihnen also den Weg zu einer Funktion ebnen, die nicht mehr wirklich Ihren Fähigkeiten und Wünschen entspricht. Achten Sie deshalb darauf, wie sich Ihre Stelle verändert. Allerdings können Sie Ihr Wissen auch dazu einsetzen, Ihre Kollegen weiterzubilden.

Das Peter-Prinzip

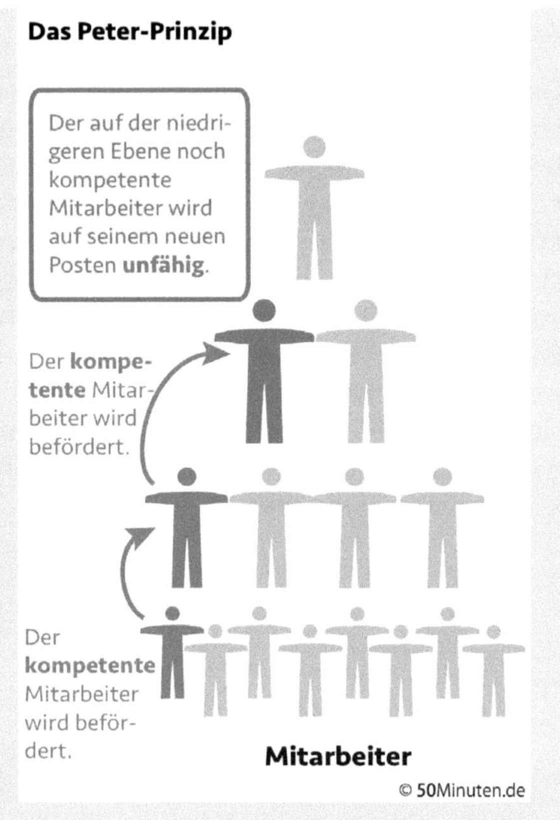

100 % GEBEN UND OPTIMISTISCH BLEIBEN

> Wähle einen Beruf, den du liebst, und du brauchst keinen Tag in deinem Leben mehr zu arbeiten.
> Konfuzius

Die Liebe bzw. Leidenschaft kann sich als ein essenzielles Element für Ihre berufliche Erfüllung herausstellen, da sie Sie die negativen Aspekte der Arbeit vergessen lässt. Eine Arbeit, die Sie lieben, entspricht Ihrer Persönlichkeit und Ihren Stärken, kurz gesagt: Sie passt zu Ihnen.

Muss man seine Arbeit jedoch zwangsweise lieben, um glücklich zu sein? Nein, seien Sie unbesorgt. Auch wenn Leidenschaft in der persönlichen Entwicklung eine Rolle spielt, ist sie keine Zwangsvoraussetzung für Glück und Sie können sich auch ohne sie entfalten. Wenn Sie keine besondere Leidenschaft für Ihren Beruf oder Ihre Stelle empfinden, sollten Sie trotzdem bei allem, was sie tun, 100 % geben und vor allem Spaß daran finden. Wenn Sie sich langweilen, sollten Sie nach neuen Herausforderungen suchen, die Sie anspornen.

Ein anderes wichtiges Element ist eine positive Haltung. In einem TED-Talk erklärt der Psychologe Shawn Achor, dass Glück nicht durch Erfolg entsteht, sondern diesem bereits vorausgeht. Das Glücksgefühl schafft zusätzliche Ressourcen und führt zu mehr Leistungsfähigkeit.

Geben Sie Ihr Bestes und glauben Sie an sich. Fördern Sie alles an Ihnen, was Ihrer Meinung nach wertvolles Potenzial hat. Zahlreiche Studien haben ergeben, dass eine positive Person effizienter und rentabler ist als eine negative oder neutrale Person. Also setzen Sie schon heute ein selbstbewusstes Lächeln auf.

GUT ZU WISSEN

Der Unternehmensberater Alain Samson beschreibt, wie man konkret vorgehen kann, um seine Karriere als Coach voranzubringen. Dabei erklärt er, dass diese Ratschläge von jedem Menschen angewendet werden können, der sein eigenes Unternehmen entwickeln möchte. Sie sind nun so weit, sich vorzustellen, der Chef Ihres eigenen Unternehmens zu sein. Ihr einziges Produkt sind Sie selbst, was Sie ausmacht und was

Sie können. Dies verkaufen Sie in Ihrem Unternehmen, bei dem Sie angestellt sind, jeden Tag. Es handelt sich um ein gutes Produkt, das Erfolg verdient. Wenn Sie sich nur ungern vorstellen möchten, sich zu einem guten Preis zu verkaufen, lässt Sie vielleicht der folgende Satz von Alain Samson Ihre Meinung ändern:

> *Verkaufen ist die Fähigkeit, einen Enthusiasmus-Transfer abzuschließen.*[2]
> *(Samson: 2011. S. 36)*

DIE WORK-LIFE-BALANCE

Jeder weiß, dass für die persönliche Entfaltung Berufs- und Privatleben ausgeglichen sein müssen. Trotzdem finden die meisten Menschen Anlässe, wo sie mit „Ja, aber..." antworten und entgegen ihres gesunden Menschenverstands handeln. Sie möchten Ihr Privatleben schützen, aber:

- das Meeting nächste Woche ist sehr wichtig.
- Ihr Chef beobachtet Sie aus den Augenwinkeln.
- Ihre Kollegen geben Ihnen die Möglichkeit zu

---

2. Übersetzt für 50Minuten.de

glänzen, weil sie sich nicht engagieren.
- Sie glauben an Ihre Arbeit.
- Sie müssen 100 % geben, um auf die Position befördert zu werden, die Sie sich zum Ziel gesetzt haben.

Diese Gründe können, müssen aber nicht berechtigt sein. Entscheidend dafür ist die Auswirkung auf Ihr Wohlbefinden. Denn wenn Sie Ihr Berufsleben Ihrem Privatleben vorziehen, leidet womöglich jemand an Ihrer Abwesenheit bzw. Ihrer Distanz. Sehen Sie Ihre Kinder genug? Fühlt sich Ihr Partner bzw. Ihre Partnerin unterstützt oder im Gegenteil häufig allein gelassen? Es ist zwar gut, sich ein berufliches Ziel zu setzen, Sie sollten dabei aber unbedingt Ihr Umfeld berücksichtigen. Denken Sie daran, sich Grenzen zu setzen, und arbeiten Sie sie mit den Personen aus, auf die sie sich auswirken, damit Sie sie später nicht bereuen. Die folgenden Ratschläge können Ihnen dabei helfen, ein solches Gleichgewicht zu finden:

- Lernen Sie „nein" zu sagen, wenn Sie überlastet sind.
- Machen Sie über den Tag verteilt mehrere Pausen und eine richtige Mittagspause, um

abzuschalten.

- Gehen Sie außerhalb der Arbeit Tätigkeiten nach (machen Sie Sport, gehen Sie ins Kino etc.).
- Sehen Sie sich Ihr Privat- bzw. Familienleben an: Ist Ihr Umfeld glücklich mit dem Platz, den Sie ihm zuschreiben?
- Geben Sie bei der Arbeit nicht alles über Ihr Privatleben Preis, sondern sparen Sie sich dies für Ihre Freunde auf.
- Versuchen Sie hingegen Ihre Kollegen so zu sehen, wie sie sind, und ihre positiven Eigenschaften und Verhaltensweisen wertzuschätzen.
- Vermeiden Sie Lästereien und bleiben Sie stets professionell. Die Arbeit bleibt Arbeit und sollte nicht zu einem Drama werden.
- Wenn Sie keine Leidenschaft für Ihre Arbeit verspüren, sollten Sie Aktivitäten finden, die Sie außerhalb des Büros interessieren.
- Wenn Ihre Gesundheit unter Ihrer Arbeit leidet, sollten Sie nicht länger warten, sondern etwas an der Situation ändern und sich eventuell Hilfe suchen.

GESUNDHEIT UND SICHERHEIT

Gesundheit ist für Ihr Leben essenziell. Das scheint sich zwar von selbst zu verstehen, aber:

- Sitzen Sie auf einem angemessenen Stuhl und ermöglicht er Ihnen eine gute Haltung?
- Ist Ihr Bildschirm angenehm für Ihre Augen?
- Ist Ihr Büro hell genug?
- Trinken Sie genug Wasser und essen Sie mittags eine richtige Mahlzeit anstatt eines Snacks?

Beobachten Sie sich selbst und nehmen Sie sich die Zeit, auf Ihre Gesundheit zu achten und zu erkennen, womit Sie sie gefährden. Einige grundlegende Ratschläge (Haltung, Bildschirm, Pause) sind auf lange Sicht essenziell, da Ihr Körper sich bei Ihnen melden wird, wenn Sie ihn vernachlässigen. Ein Check-up bei Ihrem Arzt gibt Ihnen ein objektives Bild von Ihrem aktuellen Gesundheitszustand.

Sicherheit am Arbeitsplatz wird durch Normen geregelt. Der rechtliche Rahmen des jeweiligen Berufes sollte in jedem Fall eingehalten werden. Sowohl Ihre physische als auch psychische Sicherheit muss an Ihrem Arbeitsplatz garantiert werden. Nehmen Sie die gesetzlichen Vorschriften nicht auf die leichte Schulter, denn sie sind meist als Reaktion auf kritische Vorfälle entstanden und wurden zudem von Experten entwickelt. Indem Sie sich an sie halten, können die Gefahren, denen Ihr Arbeitgeber Sie und Ihre Kollegen aussetzt, vermieden werden. Wenden Sie sich an Ihre Gewerkschaft, den Betriebsrat oder eine andere Arbeitnehmerorganisation, wenn Sie Zweifel haben.

TOP TIPPS

- Ziehen Sie regelmäßig aus Ihrer Situation Bilanz und nehmen Sie etwas Abstand. Sind Sie glücklich? Sind Sie erfüllt? Wenn nein, was fehlt Ihnen oder stört Sie? Lernen Sie, festzustellen, was Ihnen nicht gefällt, und aktualisieren Sie Ihre Liste von Zielen, die Ihnen helfen, nach vorne zu sehen.
- Nehmen Sie sich die Zeit, jeden Morgen Ihre Ziele zu lesen bzw. an sie zu denken. Überlegen Sie, wonach Sie streben. Suchen Sie in allem, was Sie den Tag über tun, eine Möglichkeit, die erfüllte Person zu sein, die Sie physisch und psychisch sein möchten.
- Seien Sie konsequent und realistisch. Sie können nicht gleichzeitig mehr Verantwortung und mehr Freizeit fordern: Man kann eben nicht alles haben. Um Frustration zu vermeiden, sollte man auf einen Teil seiner Bedürfnisse verzichten und Abstriche machen können.
- Seien Sie kreativ und ergreifen Sie die Initiative: Geben Sie Ihrem Unternehmen Ihr Bestes. Bereiten Sie neue Projekte vor, argumentieren

Sie für sie und verteidigen Sie sie. Zeigen Sie
Ihren Willen weiterzukommen.

- Achten Sie darauf, die Aufgaben, die Ihnen am
meisten Spaß machen, zu verteilen, um regelmäßig schöne Momente zu erleben. Teilen Sie
sich Ihre Zeit so ein, dass Sie positiv bleiben
und ändern Sie Ihre Gewohnheiten, wenn dies
nötig wird.
- Schaffen Sie gesellige Momente mit sympa-
thischen Kollegen. Wenn Sie von toxischen,
lästernden Kollegen umgeben sind, sollten
Sie sich bewusst werden, was dies mit Ihnen
macht. Zahlreiche Hilfsmittel ermöglichen es,
zwischenmenschliche Beziehungen zu unter-
suchen. Informieren Sie sich, was Sie anzieht
und Ihnen Probleme bereitet, analysieren Sie
die unbewussten Spiele, an denen Sie sich
unglücklicherweise beteiligen. Versuchen Sie
zu verstehen, weswegen Sie unter bestimmten
Verhaltensweisen leiden und wie Sie aus den
Verhaltensmustern ausbrechen können.
- Seien Sie effizient: Burn-out ist kein Zustand,
sondern ein Prozess. Wenn Sie sich häufig über
Ihre Arbeit beschweren oder sich für nichts
anderes mehr interessieren, sollten Sie sich
an Ihr Umfeld wenden. Drehen Sie sich im

Kreis? Haben Sie Ihre Lebensfreude verloren? Wenden Sie sich, wenn nötig, an einen Coach oder Therapeuten.

- Setzen Sie sich Grenzen. Wenn die Arbeit, trotz aller Bemühungen eine Last für Sie darstellt, haben Sie nur noch zwei Optionen: Weitermachen oder kündigen. Setzen Sie sich eine Frist, um auf Ihrer Arbeitsstelle Erfüllung zu finden, und geben Sie 100 % in allem, was Sie tun, um die Situation zu verbessern. Wenn die Frist abgelaufen ist, treffen Sie eine Entscheidung und stehen Sie zu ihr. Wenn Ihnen nur die Stelle nicht gefällt, aber Sie im Unternehmen bleiben möchten, können Sie einen Termin mit der zuständigen Person in der Personalabteilung ausmachen, um eine Win-win-Lösung zu finden.
- Geben Sie sich Zeit und Raum. Nehmen Sie sich die Zeit, Kraft zu schöpfen und leistungsfähig zu werden. Erst nach einer richtigen Pause werden Sie wieder eine Zukunftsversion von sich haben, die Ihren Wünschen entspricht.

FAQ

WELCHE ELEMENTE SIND FÜR DIE BERUFLICHE ERFÜLLUNG ESSENZIELL?

Wenn Sie sich über die Dinge, die Sie motivieren und Ihnen wichtig bei Ihrer Arbeit sind, Gedanken gemacht haben, haben Sie die Hälfte des Wegs schon geschafft. Nun müssen Sie nur noch aus jedem dieser Dinge den besten Nutzen ziehen. Beziehen Sie dabei alles mit ein, auch wenn es Ihnen ungerechtfertigt oder lächerlich vorkommt. Wenn Sie ernsthaft an diese beiden Listen herangehen, können Sie anschließend erkennen, was Sie motiviert und wie Ihnen dies helfen kann, Erfüllung zu finden.

KANN JEDER MENSCH ERFÜLLUNG FINDEN?

Ja, auch wenn manche Menschen einen höheren Preis dafür zahlen müssen, denn jede Situation hat auch ihre Nachteile. Alles hängt davon ab, die

Situation mit dem geringsten Preis zu wählen. Wenn Ihre Gesundheit es Ihnen beispielsweise nicht mehr erlaubt, den Arbeitsrhythmus, der Ihnen auf Ihrer jetzigen Stelle vorgeschrieben wird, einzuhalten, sollten Sie kündigen, auch wenn Ihnen das hart vorkommt. Der Schlüssel zur Erfüllung liegt darin, einen klaren Kopf zu bewahren und zu seinen Entscheidungen zu stehen.

WIE LEITE ICH POSITIVE VERÄNDERUNGEN EIN?

Es gibt keinen besseren Moment zu handeln als jetzt, denn die Situation kann sich immer verschlechtern, ohne dass Sie dies kontrollieren können. Ob sie sich verbessert, liegt hingegen nur in Ihrer Hand. Fangen Sie jetzt an, alle positiven Kleinigkeiten an Ihrem Tag zu genießen und lassen Sie sich nichts entgehen.

WIE SOLLTE ICH MIT MEINEM VORGESETZTEN KOMMUNIZIEREN?

Sie möchten Ihre Arbeitszeiten oder Ihre Stellenbeschreibung anpassen? Dazu muss

Ihnen Ihr Vorgesetzter zunächst einmal zuhören. Wenn Sie überzeugt, hingebungsvoll und enthusiastisch argumentieren, wird Ihr Vorgesetzte Ihnen interessiert zuhören. Wenn ihm Ihre Idee nicht gefällt, liegt es an Ihnen abzuschätzen, wie wichtig es Ihnen für Ihr Arbeitsleben ist.

WIE KANN ICH MICH IN EINEM TOXISCHEN ARBEITSUMFELD ENTFALTEN?

Das ist leider unmöglich. Wenn Sie ernsthaft versucht haben, in Ihrem Arbeitsumfeld das Positive zu sehen, aber zu dem Schluss gekommen sind, dass das Problem am System selbst liegt, sollten Sie aufgeben. Suchen Sie sich eine neue Arbeit, wenn Ihre finanzielle und familiäre Situation Ihnen erlaubt, zu kündigen, und setzen Sie die notwendigen Mittel ein, um dieses neue Ziel zu erreichen.

WIE NIMMT MICH MEIN UMFELD WAHR, WENN ICH SCHON WIEDER KÜNDIGE?

Achten Sie darauf, nicht all Ihre beruflichen Erfahrungen in dieselbe Schublade zu stecken. Jeder Neuanfang ist das Ergebnis eines Prozesses, den Sie nicht allein bestimmen. Außerdem ist die Person, die Sie heute sind, erfahrener und reifer. Sie handeln also, weil Sie sich entfalten möchten und das ist alles, was zählt.

ICH BEFÜRCHTE, DASS MAN MICH EIN BISSCHEN VERRÜCKT FINDET. WAS SOLL ICH TUN?

Seien Sie verrückt. Wenn Sie jedoch beschlossen haben, nicht mehr den Clown vom Dienst zu spielen, mehr Verantwortung zu übernehmen, oder aufzuhören, in der Kaffeepause zu lästern, sollten Sie entsprechend handeln. Legen Sie die Rolle ab, die Ihnen in Ihrem Team gegeben wurde. Visualisieren Sie die Person, die Sie sein wollen, und halten Sie sich an dieses Bild. Das Gefühl, sich nicht nach Skript zu verhalten, wird Sie nach und nach verlassen.

<u>ACHTUNG!</u>

Jede Veränderung provoziert Widerstand, bei Ihnen angefangen. Danach kommt der Widerstand Ihres Umfelds und Ihre Reaktion darauf. Versuchen Sie, diese Vorgänge nicht als Hindernisse wahrzunehmen, sondern als Etappen, die Sie durchlaufen müssen, um Ihr Ziel zu erreichen. Lassen Sie sich von der Aufregung der Personen, die Sie „vorher" gemocht haben, nicht aufhalten. Sie haben beschlossen, sich bei der Arbeit zu entfalten, sind entschlossen und konzentriert, also starten Sie durch!

KANN MAN DEN BERUF WECHSELN, AUCH WENN MAN BEREITS MITTEN IM BERUFSLEBEN STEHT?

Denken Sie an all diejenigen, die aus Überzeugung oder Zwang Ihren Beruf gewechselt haben: Alles ist eine Frage der Motivation. Vielleicht suchen Sie einen Ausweg aus einer schwierigen Situation oder haben schlicht bemerkt, dass Ihr Beruf Sie nicht mehr interessiert. Es gibt zahlreiche Fortbildungen, die abends oder online angeboten werden, sodass Sie Ihre Karriere wechseln können, wenn Sie sich von einem anderen Beruf angezogen fühlen.

JETZT SIND SIE GEFRAGT!

ALLES BEGINNT BEI IHREM PROJEKT

Diese Visualisierungsübung nimmt nicht viel Zeit in Anspruch. Stellen Sie sich vor, Sie befinden sich in einem Jahr in der Zukunft, sprich ein Jahr nach dem Lesen dieses Buches. Sie haben die notwendigen Veränderungen herbeigeführt und sind glücklich bei der Arbeit. Was antworten Sie auf die folgenden Fragen?

- An welchen drei Dingen haben Sie bei der Arbeit am meisten Spaß? (Mehr Geld verdienen, einem guten Zweck dienen, früher Feierabend machen, von den Kollegen Wertschätzung erfahren, Ihr Potenzial ausnutzen etc.)
- Was hat sich in Ihrem Privatleben geändert? Nennen Sie drei Dinge. (Sie gehen glücklicher nachhause, Sie sind mehr für Ihre Familie und Freunde da, Sie sind weniger müde, Sie haben neue Hobbys, Sie kleiden sich anders etc.)
- Was empfinden Sie, wenn Sie daran denken,

dass Sie Ihr Berufsleben erfolgreich geändert haben? (Sind Sie stolz? Erleichtert? Wissen Sie nicht, warum Sie so lange damit gewartet haben?)
- Welche Kollateralschäden hat es gegeben? Warum? (Ist das Familieneinkommen geringer? Ist ein Kollege auf Sie sauer, weil Sie bevorzugt wurden?)

Lesen Sie sich Ihre Antworten durch und achten Sie dabei auf Ihre physischen Reaktionen. Hat es Ihnen den Atem verschlagen? Sind Sie erleichtert? Hat sich Ihr Blick aufgehellt?

Selbstbewertung

Denken Sie darüber nach, einen Arzt aufzusuchen,
um ihm Ihre Empfindungen zu beschreiben.
Es wäre absurd, Symptome unbeachtet zu lassen,
deren Konsequenzen sich negativ auf Ihre
Gesundheit auswirken können.

**Sie haben das Gefühl, eine enorme Last auf
Ihren Schultern zu tragen,
oder können nicht mehr nach vorne blicken.**

Bewertung

Sie fühlen sich erleichtert oder froh.

Versuchen Sie einen Kontakt mit Ihren Emotionen
herzustellen: Diese werden Sie an Ihr Ziel führen.
Denken Sie jeden Tag an Ihr erfülltes Ich,
wie es in einem Jahr aussieht:
Es musste einige Hindernisse
überwinden, allerdings war es das wert,
denn nun ist es glücklich.

PROGRAMMIEREN SIE IHRE ERFÜLLUNG VOR

Machen Sie sich keine Gedanken über das Datum,
an dem Sie sich ändern werden: Sie sind bereits

auf dem Weg zur Erfüllung, indem Sie dieses Buch lesen. Nutzen Sie Ihren Elan und machen Sie einfach weiter.

Nennen Sie für die kommenden drei Tage eine konkrete Handlung, die Sie Ihrem neuen Ziel näherbringt. Dabei kann es sich um eine Kleinigkeit (eine Pause an der frischen Luft, Ihren Schreibtisch umräumen etc.) oder eine große Etappe (einen Termin bei einem Arzt oder Coach machen, ein neues Projekt vorbereiten, um es dem Vorgesetzten zu zeigen, ein Buch über das entsprechende Thema kaufen etc.) handeln.

MORGEN FRÜH: ENGAGEMENT

Glauben Sie schon beim Aufwachen an sich. Kleben Sie, wenn nötig, einen Zettel an Ihren Badezimmerspiegel, aber sagen Sie sich, dass Sie die glücklichste Person bei der Arbeit sind. Vielleicht ist das noch nicht der Fall, es wird aber nicht mehr lange dauern.

Pyramide zur Erfüllung

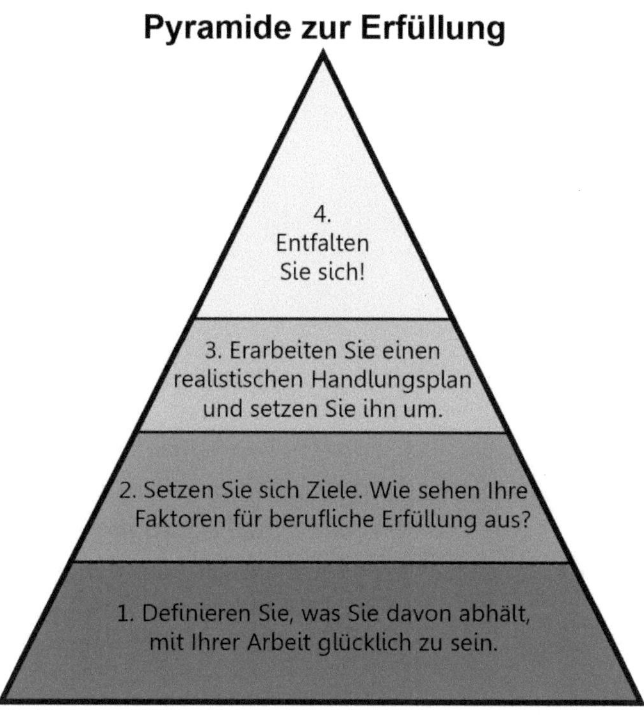

Ihre Meinung ist uns wichtig!
Hinterlassen Sie doch einen Kommentar auf der
Seite unserer Online-Buchhandlung
und teilen Sie Ihre Favoriten in den sozialen
Netzwerken!

DARÜBER HINAUS

LITERATURVERZEICHNIS

- Achor, Shawn: „Shawn Achor: Das glückliche Geheimnis besserer Arbeit". *TEDxBloomington.* (Mai 2011). https://www.ted.com/talks/shawn_achor_the_happy_secret_to_better_work/transcript?language=de (19.09.2019).

- Ariely, Dan: „Dan Ariely: Was lässt uns an der Arbeit gut fühlen?". *TEDxRiodelaPlata.* (Oktober 2012). https://www.ted.com/talks/dan_ariely_what_makes_us_feel_good_about_our_work/transcript?language=de (19.09.2019).

- Desrumaux, Pascale: „Le travail, risque psychosocial ou facteur d'épanouissement?" *Le Journal des psychologues* Nr. 283 (10, 2010). S. 26-30. https://www.cairn.info/revue-le-journal-des-psychologues-2010-10-page-26.htm# (19.09.2019).

- Jul; Pépin, Claude: *Platon La Gaffe. Survivre au travail avec les philosophes.* Éditions Dargaud : Brüssel 2013.

- Morieux, Yves: „Mit nur 6 Regeln wird Arbeit einfachen". *TED@BCG.* (Oktober 2013). https://www.ted.com/talks/yves_mori-

plify?language=de (19.09.2019).

- Samson, Alain: *Trop de coachs crèvent de faim. Comment atteindre votre sommet.* Beliveau Éditeur: Longueuil 2011.

- Verboomen, Gabriel: *Das Peter-Prinzip. Der Zusammenhang zwischen Beförderung und Unfähigkeit.* Aus dem Französischen von Mareike Lobeck. Plurilingua Publishing: Brüssel 2018.

WEITERFÜHRENDE LITERATUR

- Hannig, Guido Ernst: *Ja! Es gibt den Job, der wirklich zu mir passt! Mit dem WLS-Sinn-Kompass zu Erfolg und Erfüllung im Beruf.* Silberschnur Verlag: Güllesheim 2015.

- Kirchner, Steffen: *Totmotiviert?! Das Ende der Motivationslügen und was Menschen wirklich antreibt.* Gabal: Offenbach 2015.

- *The Myers & Briggs Foundation.* Offizielle Homepage (auf Englisch). https://www.myersbriggs.org/ (20.09.2019).

MEHR AUF 50MINUTEN.DE

- Cailteux, Caroline: *Motivation im Beruf. Methoden zur Steigerung der Motivation bei der Arbeit.* Aus dem Französischen von Julia Buchrieser.

Plurilingua Publishing: Brüssel 2019.

- Carlicchi, Caroline: *Die optimale Arbeitsumgebung. Tipps für mehr Wohlbefinden und Produktivität.* Aus dem Französischen von Mareike Lobeck. Plurilingua Publishing: Brüssel 2019.

- Francis, Renée: *Work-Life-Balance. Tipps für einen Ausgleich zwischen Berufs- und Privatleben.* Aus dem Französischen von Mareike Lobeck. Plurilingua Publishing: Brüssel 2019.

NOCH NICHT GENUG?

- Strelecky, John: *Das Café am Rande der Welt.* Aus dem Englischen von Bettina Lemke. Deutscher Taschenbuch Verlag: München 2008.

- *Das erstaunliche Leben des Walter Mitty*: Film von Ben Stiller, mit Ben Stiller, Kristen Wiig und Sean Penn. USA 2013.

- *Mein wunderbarer Arbeitsplatz*: Dokumentarfilm von arte. Frankreich 2014.

- *Mit Staunen und Zittern*: Film von Alain Corneau, mit Sylvie Testud, Kaori Tsuji und Tarō Suwa. Frankreich 2003.

ISBN digitale Ausgabe: 9782808021500

ISBN gedruckte Ausgabe: 9782808021517

Pflichtexemplar: D/2019/12603/229

Cover: © Plurilingua

Digitale Aufbereitung: Primento, der digitale Partner der Herausgeber